LES
ÉLECTIONS GÉNÉRALES

PARIS

IMPRIMERIE DE L. TINTERLIN ET Cᵉ

Rue Neuve-des-Bons-Enfants, 3.

LES ÉLECTIONS GÉNÉRALES DE 1863 ET L'OPINION

PAR

H. BOSSELET

Ma tâche sera de prendre constamment le sage progrès de l'opinion publique pour mesure des améliorations.

[Discours de l'Empereur aux exposants de Londres, 20 janvier 1863].

PARIS

E. DENTU, LIBRAIRE-ÉDITEUR

PALAIS-ROYAL, 17 ET 19 GALERIE D'ORLÉANS

1863

LES

ÉLECTIONS GÉNÉRALES

DE 1863

ET L'OPINION

————o§o————

Si l'on cherche à se rendre compte de la situation générale avec calme, sans passion, on ne tarde pas à découvrir dans l'ensemble du système du gouvernement et dans les détails quotidiens de l'administration, les traces d'un mal que je suis loin de croire incurable, mais que je crois sérieux. Chacun heureusement l'aperçoit, le sent, en souffre et le nomme. C'est l'exagération du principe de l'autorité : d'où suit nécessairement l'affaiblissement du principe de la liberté individuelle, qui est l'unique source des libertés publiques. Je ne cite pas d'exemples ; chacun les cite. Ce n'est point la description du mal qui d'ailleurs m'occupe ici ; c'est le moyen de le guérir, ou du moins de l'amoindrir.

Une occasion solennelle va s'offrir cette année de remédier à ce mal ; ce sont les élections générales (1). En effet, qu'est-ce qu'une élection générale ? C'est le jugement d'un gouvernement par une nation ; et si l'on veut analyser cette pensée, comme une nation se compose de citoyens, c'est le jugement individuel porté par chaque citoyen sur la conduite du gouvernement et exprimé par un bulletin de vote. Il suit de là que pendant les vingt jours de l'exercice du droit électoral, le principe de la liberté individuelle tend à se relever et le principe contraire de l'autorité à s'affaiblir.

Mais pour que cette allure naturelle des élections entraîne avec elle la suite des événements, il y a une question préalable à résoudre que chacun s'adresse en ce moment, qui domine tout et

____

(1) Les élections générales auront probablement lieu le dimanche 31 mai. Le sens de cet anniversaire n'échappera à personne, si le Gouvernement choisit cette date.

d'où dépend peut-être notre avenir : Les élections seront-elles libres ? (1)

La liberté des élections dépend partie du gouvernement, partie de la nation ; elle ne dépend pas de l'un ou de l'autre. Ainsi la liberté de réunion et de discussion, la libre distribution des circulaires, des affiches, des bulletins de vote, relèvent du gouvernement. Laissera-t-il libres ces éléments, ou les gouvernera-t-il comme il fit aux dernières élections générales du mois de juin 1857, c'est-à-dire publiant d'un côté des circulaires aux préfets, telle que la lettre du 30 mai 1857, où on lisait : « Un gouvernement fort et populaire dit nettement ce qu'il pense et ce qu'il veut. Pour les élections, ce que veut l'Empereur, c'est la pratique libre et sincère du suffrage universel. » Et de l'autre côté, laissant les commissaires de police, les juges de paix, les gendarmes, les

(1) Le Gouvernement semble préoccupé d'une idée qui est devenue en lui avec le temps une manière de point fixe : c'est que, tant qu'il y aura en France des partis hostiles, la liberté y sera impossible. Or une histoire dont il prend plaisir à nous entretenir souvent, l'histoire de l'Angleterre, démontre à chaque page que c'est précisément la liberté, ou l'exercice des luttes électorales, qui transforme les partis hostiles en partis constitutionnels, tandis qu'au contraire l'absence de ces libertés aigrit les partis et rend les révolutions inévitables.

gardes-champêtres s'abattre sur les affiches, les circulaires, les bulletins de vote des candidats de l'opposition, et distribuer partout à leur place des conseils plus ou moins polis (1).

Il y a aussi une autre partie de la liberté des élections, et la plus importante peut-être, qui ne relève que de chacun de nous, car quiconque a le sentiment de sa personnalité et fier de sa propre estime débat seul avec soi une opinion, l'admet ou la repousse, oppose à l'intervention administrative une insurmontable barrière ; et ce simple acte répété dans toutes les communes de la France suffirait à rendre les élections libres. Mais en tous pays et en tous temps les hommes entiers sont rares, et la conscience individuelle en général sollicite l'appui de ce qu'on nomme l'opinion. Y a-t-il une opinion ? la conscience se fortifie. N'y en a-t-il pas ? elle sent ses forces l'abandonner.

Or je me propose de rechercher si aujourd'hui en France il y a une libre opinion, d'où elle vient, ce qu'elle est, comment elle se fera le guide du suffrage universel aux élections.

______

(1) Je me propose de traiter cette question de l'intervention administrative aux élections dans une seconde lettre.

J'examinerai donc les trois points suivants :
Premièrement. — Vers 1857 y a-t-il eu ou non une modification des idées et des intérêts, d'où suit un changement d'opinion ?

Secondement. — Cette opinion nouvelle va-t-elle au delà ou reste-t-elle en deçà des réformes accordées ?

Troisièmement. — A quelles conditions prendra-t-elle la tête du suffrage universel aux élections prochaines ?

Avant que d'aborder le premier point, je dirai un mot de l'opinion. Un Pape, je ne sais plus lequel, l'appelait *la reine du monde* ; Luther, dans son langage original, *Mein herr omnes*, « Monsieur tout le monde. » Voilà de belles expressions ; mais je suppose que tous deux auraient été bien embarrassés de dire nettement ce que c'est que l'opinion. Espèce de fluide insaisissable, mobile à l'extrême, se dégageant tantôt d'une foule, tantôt d'un homme, voix et écho tour à tour, à la fois la syllabe oui et la syllabe non, nul ne sait souvent où elle se forme ni d'où elle part ; et chacun à l'entour en voit et en ressent les effets.

Je parle de la véritable opinion publique, celle qui se fait. Elle a son Ménechme, la fausse ou celle qu'on fait ; et il est malaisé souvent de les distinguer. Certains journalistes, par exemple, ont le tort de se croire les représentants de l'opinion ; chacun ne représente que son opinion. Un ministre, un député, un préfet s'estiment volontiers mieux que représentants, directeurs de l'opinion. C'est une erreur. L'opinion qu'un gouvernement dirige n'est jamais celle du public qui pense.

Règle générale : plus la presse et les élections, expression naturelle des opinions individuelles, c'est-à-dire de la véritable opinion publique, sont libres, en d'autres termes, abandonnées à elles-mêmes, non dirigées, plus il est aisé de savoir ce que la nation pense : d'où vient la stabilité des libres gouvernements. Mais qu'un système administratif quelconque s'interpose, les rayons de l'opinion se reflètent de travers. Je m'arrête et j'aborde le premier point.

I

Fontenelle mourant disait : « Je sens une diffi-
culté d'être. » N'est-ce pas aussi le mot du jour ?
De quelque côté que la vue se tourne, ce ne sont
en effet que difficultés d'être. De solutions point.
On ne voit qu'essais, tentatives, ébauches, em-
bryons. Rien ne vient à terme, rien ne naît, rien
ne vit.

Il n'en était pas ainsi, il y a onze ans. C'est
qu'alors, à tort ou à raison, une opinion effrayée
d'un retour qu'elle croyait possible des scènes de
1848, s'était groupée autour du pouvoir nouveau
et le soutenait. Mais à mesure que ces scènes se
sont effacées des souvenirs, que le calme est re-

venu, cette opinion s'est insensiblement dissipée. D'autres faits ont amené d'autres désirs. Les forces se sont ranimées. Une génération nouvelle a paru. Une autre situation a donné signe de vie.

Je voudrais d'abord noter ces deux situations.

La première, qui s'est écoulée du 2 décembre 1851 à la guerre d'Italie, ne peut-elle pas se nommer une période exclusive d'ordre, c'est-à-dire d'autorité? Le parti conservateur se groupe autour du pouvoir, moins ses chefs endormis sans doute sous la tente d'Achille.

La seconde, qui prend son point de départ dans les élections générales de 1857, ne peut-elle pas se nommer une période d'aspirations à la liberté?

Je me propose de dresser l'acte de naissance de cette situation. Elle est venue au monde, comme toutes ses sœurs, en premier lieu, parce que le temps, ce grand novateur, *matte toutes choses*, selon l'expression de Rabelais; en second lieu, parce que le système de gouvernement inauguré le 2 décembre continuait à agir, et que les mêmes faits ne s'accordaient plus, je ne dis pas avec les idées et les intérêts généraux, mais avec des idées nouvelles et de nouveaux intérêts.

Quelles étaient ces idées?

Quels étaient ces intérêts ?

La stabilité d'une situation se reconnaît à ce trait, c'est que les idées et les intérêts, d'où se forme l'opinion, s'accordent avec les faits ; mais si des faits se dégagent idées et intérêts contraires, c'est signe qu'une situation nouvelle se forme dans l'ombre, et que les dénouements passés n'étaient que des changements de scène.

En effet, vers 1857, les esprits attentifs, ceux qui voient avant les autres les effets dans les causes, remarquaient que le système d'autorité couronné dans les faits avait subi l'ostracisme de la pensée, c'est-à-dire que l'Empire avait effacé des esprits toutes les idées d'organisation sociale et politique par l'État, si vivaces sous le règne du roi Louis-Philippe, et qu'une idée neuve, jeune, qui jamais en France dès le berceau n'avait atteint cette envergure, déjà battait de l'aile au-dessus de la tête des nouvelles générations, et, comme l'aigle, se promettait de monter demain au soleil ; je veux dire la liberté, mais individuelle, mais personnelle, le moi enfin, le libre moi.

Une idée ne suffit pas à la formation d'une opinion publique ; il faut de plus un accord d'intérêts. Or il arrivait que de leur côté, vers cette époque, les intérêts s'inquiétaient : signe de nouveautés. Certaines rumeurs circulaient, et depuis ce temps elles se sont développées petit à petit, lentement. Ce n'était alors qu'un point. Ce point a grandi, s'est étendu. Qui ne le voit aujourd'hui ?

Tels étaient, vus de profil, ces idées et ces intérêts naissants. Deux occasions les dégagèrent de l'ombre.

La première, les élections générales de 1857.

J'en dirai un mot en passant. Malgré les erreurs d'un parti qui prêchait l'énervante doctrine de l'abstention, et celles d'une administration qui considérait comme un devoir d'intervenir dans les élections, la lutte s'engagea dans cinquante-quatre départements, et principalement dans ceux de la Seine, du Nord, de la Gironde, de l'Eure, de l'Eure-et-Loir et de la Charente à l'Ouest, du Rhône, du Haut-Rhin et de l'Yonne à l'Est (1). Entre autres faits que ces élections mirent en relief, je citerai le suivant, d'où il ressort au détriment de nos libertés combien les villes et les campagnes en France vivent séparées : c'est que les candidats indépendants obtinrent en général de

(1) Voir à la fin le tableau des élections générales de 1857.

fortes majorités dans les villes, et échouèrent complétement dans les communes rurales.

La seconde occasion fut, non la campagne d'Italie, comme on l'entend dire souvent, mais ses suites tout à fait imprévues, où vint se prendre la question romaine.

Il advint alors en effet, ainsi que chacun sait, que le parti groupé autour du pouvoir depuis le 2 décembre, ou du moins une notable fraction de ce parti, crut voir dans la menace jetée à la puissance temporelle du Pape par le Piémont, une menace jetée à l'organisation du clergé français ; et comme le gouvernement ne se hâtait pas de condamner le système des annexions, immense filet qui déjà enveloppait Rome, ce parti, rallié par ses chefs naturels, se redressa de toute sa hauteur, jeta au loin ses béquilles, comme le vieux Peretti élu Sixte-Quint, et engagea une lutte des plus énergiques.

Cette politique du parti catholique créait au gouvernement de nombreux embarras ; il crut en sortir en signant le décret du 24 novembre, c'est-à-dire l'acte de naissance officiel du parti libéral, destiné dans ses vues à contre-balancer l'influence du parti catholique.

D'où je conclus que la proposition avancée ici et soutenue est vraie; car comme il n'y a pas d'effet sans cause, le décret du 24 novembre constate lui-même une modification de l'opinion, et c'est précisément ce premier point du débat que je viens d'essayer de démontrer.

II.

J'arrive au second point : cette opinion nouvelle va-t-elle au delà ou reste-t-elle en deçà des réformes accordées ?

Quelles sont ces réformes ? Le décret du 24 novembre 1860 d'une part, et de l'autre les réformes financières du 14 novembre 1861. Occupons-nous d'abord du décret; nous nous occuperons ensuite des réformes financières.

Son caractère général, comme chacun sait, est de transformer les Chambres en assemblées consultatives. Le gouvernement donne aux membres du Sénat et du Corps législatif des renseignements sur les affaires publiques par l'organe de ministres-orateurs indépendants des Chambres;

et celles-ci offrent en échange des conseils. L'Adresse est le terrain de cette courtoise entrevue.

L'opinion a-t-elle applaudi à ce décret? Oui. L'a-t-elle immédiatement d'un seul bond dépassé? Examinons impartialement les faits.

A peine l'encre du décret sèche, un seul cri part : La dissolution du Corps législatif. En effet, la situation n'était-elle pas nouvelle? Le principal rôle d'une chambre élective n'est-il pas d'extraire du sein de la nation les diverses opinions qui s'y agitent confusément, de les trier, de les classer? L'opinion libérale et démocratique ne comptait que cinq membres à la Chambre. N'était-ce pas le cas de convoquer les électeurs? Le gouvernement n'en fit rien; et l'opinion qui la veille acclamait le décret, se replia dans la pensée des élections générales de 1863.

Au moins elle s'imaginait que le décret du 17 février qui régit la presse serait amendé; mais dans une circulaire adressée aux préfets, du 8 décembre 1860, le ministre de l'intérieur déclarait : « Que la liberté de la presse ne peut que suivre et non pas précéder la consolidation d'un nouvel État, d'une nouvelle dynastie. » Le ministre exposait que la France de 1860 devait, en matière de presse, recevoir des leçons de l'Angleterre de 1688, de sorte que les procédés des juges hano-vriens, le pilori de Daniel de Foé, par exemple, les violences exercées contre Richard Steele ou William Cobbett lui semblaient sans doute des modèles applicables à notre situation. Quand la France créa des lignes de fer, elle prit exemple de l'Angleterre de son temps, et ne s'en alla pas remonter à travers les années aux origines de la locomotive de Stephenson ou des rails de bois des mines de New-Castle. Entre les perfection-nements de la liberté de la presse et ceux des lignes de fer quelles différences y a-t-il donc?

L'opinion n'espérait-elle pas aussi l'abrogation de la loi de sûreté générale?

J'abandonne ici le lecteur aux réflexions qui viennent en foule, et je passe aux réformes finan-cières.

Si de ce côté l'on observe le système du gou-vernement, surtout depuis 1860, l'on voit que sur le terrain des questions économiques son es-prit d'autorité tend à se transformer en esprit libéral. Encore faut-il ajouter, pour être vrai, que ce système consiste à donner la liberté économique, non à la laisser prendre. En effet, cette liberté vient de décrets, non de lois, étant discutée au Conseil d'État, à l'Hôtel-de-Ville, où siégent les représentants du gouvernement, et non au Corps-Législatif, aux Conseils généraux, où siégent les représentants de la nation. C'est ainsi que la liberté du commerce de la boucherie a été décrétée ; que le traité de commerce avec l'Angleterre a été signé ; que le régime des colonies a été modifié ; qu'une allocation de vingt-cinq millions a été faite aux chemins vicinaux.

On ne peut nier que la meilleure part de la liberté, la discussion qui doit la précéder, n'ait été soustraite par ce système. La discussion est la plus sûre garantie des intérêts. En effet, si le décret du 24 novembre avait reçu ses développements naturels, la guerre, c'est-à-dire ce qui coûte le plus cher aux nations, n'aurait pas pris une extension dont les intérêts se sont justement alarmés (1). Les guerres de Crimée et d'Italie n'au-

(1) Nos embarras ont leur source dans nos dépenses militaires. Les 92 millions de rentes qui ont accru notre dette publique, sont le prix de la gloire conquise en Crimée et en Italie ; et les 400 millions qui ont accru notre dette flottante proviennent de la dépense de nos expéditions de Syrie, de Chine et de Cochinchine. Je ne suis pas moins préoccupé des dépenses que va entraîner notre expédition du Mexique. (M. PLICHON, député. Séance du 7 mars 1862.)

raient pas été suivies des expéditions de Chine, de Cochinchine et du Mexique. Que ces guerres soient glorieuses à nos armes, nul ne le nie ; mais les millions dépensés, mais le sang versé de nos concitoyens, mais l'attention publique détournée de nos affaires intérieures, qui calculera ces maux-là ?

Croit-on les avoir guéris par l'application des réformes financières du 14 novembre 1861 ? Croit-on que cette nouvelle division du budget, ce système des virements substitué aux crédits, ce vote des ministères par grandes sections, cette conversion des rentes pompeusement décorée du titre d'unification de la dette publique, soient des réformes capables d'amener une véritable réduction de l'armée, de mettre un terme aux expéditions et de ramener enfin la France en France ?

Depuis le vote de ces réformes, a-t-on cessé de songer à étendre au loin par les armes l'influence française ? C'est l'extension des libertés individuelles, des lumières, de la science, du commerce qui grandit une nation. La Belgique, la Suisse sont des petits pays, mais libres, c'est-à-dire petits de taille, d'esprit et d'âme grands.

III

Des deux points que nous venons de traiter suit cette conclusion : que le décret du 24 novembre est la constatation d'une nouvelle opinion, et que cette opinion va au delà des réformes accordées.

Il s'agit maintenant de passer des paroles aux effets, c'est-à-dire aux élections. C'est le troisième point du débat. Quelles seront les allures de l'opinion, quand, passant du domaine des idées dans celui des faits, elle se trouvera en face du suffrage universel ? Comment se conduira-t-elle alors pour amener, sinon la guérison, au moins l'amoindrissement du mal de la situation ? A quelles

conditions enfin prendra-t-elle la tête de ce suffrage ?

De ces conditions je n'en noterai ici que trois,
et pour les mieux mettre en relief et pour être
bref : la première, c'est qu'elle saura parler au
suffrage universel un langage d'une extrême sim-
plicité, qui aille droit au but ; la seconde, c'est
qu'elle subordonnera la question romaine, la
question polonaise, toutes les questions étrangères enfin, à la question-maîtresse de nos libertés
intérieures ; et la troisième, c'est que, de son
côté, le gouvernement, dont l'influence doit tou-
jours être prise en considération dans notre pays,
adoptera vis-à-vis d'elle une autre politique électorale que celle de 1857.

Reprenons successivement ces trois proposi-
tions.

La première s'explique naturellement, si l'on
réfléchit qu'il s'agit du suffrage universel. Comme
tout ce qui est d'institution humaine, ce suffrage
a ses bons et ses mauvais instincts ; et pour ne
parler que des premiers, il a ceci d'excellent qu'il
voit les choses simplement et traite les affaires publiques sur le pied de la familiarité. Il ne grossit
pas les questions ; il ne s'émeut pas d'un souffle.

Ce n'est pas une machine nerveuse. Tel qu'il est, sachons lui parler sa langue. Si l'opinion veut se faire comprendre, elle laissera de côté l'arrangement des phrases et des périodes où elle excelle, et s'adressera au simple bon sens du suffrage de tous.

Ainsi, partant d'abord des deux réformes déjà concédées, elle ne s'élancera pas d'un premier coup d'aile vers les cimes de la responsabilité ministérielle. Le suffrage universel ne sait guère ce que c'est qu'un ministre ; mais il sait à merveille ce que c'est qu'un commissaire de police, un garde-champêtre, un gendarme. Il ne lit pas les arrêtés ministériels qui le touchent peu, mais il lit ou se fait lire ceux de M. le maire qui le touchent fort. En un mot, il ne connaît pas le gouvernement qu'il a élu, mais il connaît l'administration que le gouvernement nomme et qui se mêle de toutes ses affaires. Il suit de là que si l'opinion veut se rendre favorable le suffrage universel, c'est, par exemple, la responsabilité des agents inférieurs de l'administration devant les tribunaux qu'elle demandera d'abord ; et soyez sûr que celle-là obtenue, la responsabilité ministérielle viendrait toute seule.

Les véritables libertés publiques, en effet, dépendent bien moins de la responsabilité des ministres que de celle des agents inférieurs. La première, existait seule sous le gouvernement de juillet, qui nous a valu un régime de libertés *idéales;* la seconde inaugurerait l'ère des libertés *réelles* (1).

Quant à ce qui concerne les finances, l'opinion peut parler haut et ferme. Le suffrage universel comprend très-bien que les libertés publiques, c'est l'argent de la nation, que par conséquent, il n'y a de contrôle réel des actes d'un gouvernement que le contrôle des finances, et que, comme en somme, tout se paie, c'est contrôler sa gestion dans les affaires de la guerre, de l'administration, des travaux publics, que d'en réviser les dépenses. Mais ni la substitution des virements aux crédits, ni le vote par sections ne permettent l'exactitude de cette révision des comptes, si le budget n'est pas

(1) Voici comment les choses se passaient sous le Gouvernement de Juillet : Le ministre était interpellé sur son banc à la Chambre et réprimandé, s'il y avait lieu, en vertu du droit d'initiative des députés et de la responsabilité ministérielle inscrits dans la Charte ; mais comme les agents de l'administration, en vertu d'une législation absolue, ne relevaient que du ministre, rentré dans son cabinet il ne changeait rien à ses ordres, de sorte que dans ce temps-là tout se bornait à des luttes de paroles et d'articles de journaux ; et c'est ce qui se nomme un régime de libertés idéales.

voté par chapitres, si chaque somme à dépenser n'est pas spécialisée, c'est-à-dire fixée à chaque article. « La spécialité, dit M. Troplong dans son rapport au Sénat, livre à l'assemblée le gouvernement. » Je lui demande pardon, elle ne lui livre que le contrôle du gouvernement dans ses deux branches exécutive et administrative ; et c'est le rôle d'une assemblée de les contrôler toutes deux.

Passons à la seconde proposition, à savoir que l'opinion aux élections doit subordonner les questions étrangères à la question capitale de nos libertés intérieures. En effet, si la question romaine, pour ne parler que de celle-là, au lieu du second rang, tenait le premier, l'opinion ne courrait-elle pas risque d'égarer le suffrage universel en lui faisant perdre de vue à la fois et le mal dont nous souffrons et le moyen de le guérir ?

Soyons dévoués au principe de la séparation complète de la papauté temporelle et de la papauté spirituelle ; repoussons cette union de la couronne royale et de la tiare sacerdotale d'où se forment les théocraties ; distinguons l'évêque de Rome du roi des Romains, et le chef d'Eglise du chef d'État. Mais il est plus essentiel encore de savoir distinguer en France le gouvernement de l'administration, c'est-à-dire le pouvoir exécutif du pouvoir ministériel, car de cette complète séparation dépendent nos libertés publiques.

L'Italie sans doute a les sympathies du suffrage universel; mais elle ne les a qu'après la France. Si nous souhaitons que l'Italie s'organise, qu'elle ait Rome pour capitale, que nos troupes qui n'auraient jamais dû occuper cette ville en 1849 en sortent le plus tôt possible, nous devons avec une bien autre énergie souhaiter que chaque commune s'administre, que chaque individu se serve et de règle et de loi à soi-même.

Que l'Italie soit libre, que Rome et Venise soient libres, nous le désirons; mais que nos libertés intérieures tiennent le premier rang dans nos préoccupations; que par un violent effort l'opinion se détourne des affaires étrangères, nous le désirons bien plus vivement encore. La première de toutes les questions à l'ordre du jour, c'est la liberté de la France (1).

(1) C'est ici que se montreront peut-être aux élections prochaines certaines nuances d'opinion entre la nouvelle génération et celle de 1830, entre ceux qu'on nomme les hommes nouveaux et les anciens, qui semblent accorder la première place à la question ro-

Arrivons à la troisième proposition.

N'est-il pas évident que l'intérêt du Gouvernement lui commande de ne plus suivre la politique électorale de 1857? Le respect des libertés publiques n'est-il pas le meilleur gage de la durée des gouvernements? Les gouvernements ne se fondent pas par la force en France. Feuilletez au hasard notre histoire depuis 89, et vous verrez qu'ils sont tous tombés de faiblesse, ayant en main tous les pouvoirs. C'est qu'ils avaient oublié de satisfaire aux vœux de la nation; et sans aller bien loin, ouvrez l'histoire de l'année 1847.

L'opposition demandait alors ce qu'on nommait l'adjonction aux listes électorales des capacités; et le roi, qui pensait que cette concession en amènerait d'autres, s'y refusait. Il avait cependant écrit un jour à l'évêque de Lansdaff : « Le moyen de rendre les révolutions plus rares, c'est de rendre les réformes plus faciles. » Il est vrai que sa lettre porte la date de l'exil, 28 juillet 1804.

L'opinion ne demande-t-elle pas aujourd'hui non l'extension du vote, car il est universel; mais

maine. Si celle ci l'emportait sur la question de nos libertés intérieures, les élections, selon une expression consacrée et fort juste ici, seraient rouges et blanches; sinon, nuancées : signe des libertés.

3.

sa franchise? Comme en 1847, ce n'est ni le Sénat, ni le Corps législatif qui élèvent la voix ; c'est l'opinion, et pour entrer plus avant dans la vérité, c'est l'opinion de l'opposition.

A cette époque, déjà si éloignée de nous, 200,000 électeurs étaient représentés par 459 députés ; aujourd'hui huit millions ne sont représentés que par 282 !

En 1847 il y avait un député par arrondissement ; en 1863 il y en 'a un en moyenne par deux arrondissements ;

En 1847 enfin, il y avait à la Chambre des fonctionnaires ; il y a au Corps législatif des candidats officiels dont le nombre dépasse l'autre de beaucoup.

Telles sont peut-être, entre autres, ces trois conditions du succès de l'opinion aux élections générales. Jamais plus solennelles élections depuis celles de 1827 n'auront eu lieu en France. Il s'agit, en effet, de savoir si, comme en 1827, les électeurs affirmeront ou non leurs droits inaliénables d'hommes libres ; il s'agit de savoir si le décret du 24 novembre portera ses fruits et si l'édifice aura son couronnement.

En avant donc, aux élections ! En avant tout le

monde! En avant surtout les hommes nouveaux, l'avant-garde de notre génération! Diront-ils qu'ils sont obscurs et qu'on ne les connaît pas? Eh bien! qu'ils se fassent connaître; qu'ils s'aident eux-mêmes et ne comptent que sur eux. Ce n'est pas la main d'autrui qui mène l'homme encore obscur au succès, c'est son énergie individuelle.

TABLEAU

DES ÉLECTIONS GÉNÉRALES

DE 1857 (1).

Départements.	Circons-criptions	GOUVERNEMENT.		OPPOSITION.	
Aisne.........	4e	Geoffroy...........	20,931	Sorel,............	2,753
Ariége.........	1re	Didier............	24,066	Arnaud...........	2,998
Ardennes	1re	Riché.............	30,661	Garnier-Pagès	1,802
Aude	1re	Salvaza	29,239	Falgous...........	1,372
—	2e	Alengry...........	28,383	Vallière	1,298
B.-du-Rhône ..	1re	Canaple	10,194	T. Delord	4,777
—	2e	Rigaud...........	15,692	Carnot...........	1,224
—	3e	De Chartrouse.....	16,927	De Valory........	1,682
				E. Ollivier........	1,141
Charente......	1re	G. des Seguins.....	16,623	Albert............	6,870
—	2e	Tesnières.........	13,369	Bouraud...........	11,085
—	3e	André............	18,248	Duclaud..........	4,333
Charente-Infér.	2e	Chasseloup-Laubat.	13,418	Dupont de Bussac..	1,303
Cher.........	1re	De Nesle.........	18,860	Bazille	4,214
—	2o	Guillaumin........	23,247	Carnot	1,322
Côte-d'Or	1re	Vernier...........	22,779	Magnin,..........	5,615
—	2e	Ouvrard..........	19,723	Carnot...........	4,898
—	3e	Basile...........	18,023	A. Lévy..........	6,621
				Philippon.........	1,785
Côtes-du-Nord.	1re	Legorrec.........	16,000	Glais-Bizoin	6,200
Creuse........	1re	Delamarre........	12,188	Leyraud..........	6,474
Dordogne	2e	De Belleyme......	18,755	Lanauve..........	2,490
— ...	3e	Dusollier.........	14,406	Mazerat..........	6,693
Doubs ....,	1re	De Conegliano	17,387	De Montalembert...	4,378
Drôme........	2e	De la Sizeranne....	17,700	Curnier...........	2,053
—	3e	Morin.	20,547	Moutier..........	2,283
Eure.........	1re	D'Albuféra	13,875	Davy.............	11,220
—	3e	D'Arjuzon.........	27,093	Dupont fils (de l'Eu-re), non acceptant.	5,399
Eure-et-Loir ..	1re	Reille............	18,046	Barthélemy........	6,963
— ..	2e	Normand..........	15,428	Bosselet..........	10,416
Finistère.....	2e	Conseil...........	20,820	Trichet	2,579
Garonne (H.-).	1re	De Tauriac........	19,871	Pagès (de l'Ariége).	2,750
—	2a	Perpessac	17,340	Arago............	5,639
Gard.........	1re	Pérouse..........	13,624	Troupel..........	6,757
—	3e	André............	23,792	Cazot	1,141
Gironde.......	1re	Montané,.........	7,622	Curé, élu.........	9,386
—	2e	Truvot...........	14,489	Bellot des Minières.	2,889

(1) Ce tableau est extrait des colonnes du *Siècle*. Il ne donne que les cir-
conscriptions électorales où la lutte s'est engagée entre les candidats du
Gouvernement et ceux de l'opposition.

Départements.	CIRCONS-CRIPTIONS.	GOUVERNEMENT.		OPPOSITION.	
Hérault	1re	Doumet	16,385	Serre	7,173
Indre	1re	De Bryas	20,098	Boyer-Nioche	5,000
—	2e	Delavau	18,033	J. Favre	3,800
Isère	1re	Arnaud	24,491	Dupont-Delporte	3,669
—	4e	Faugier	19,252	Ponsard	5,535
Jura	2e	Toulongeon	24,970	Charlier	2,664
Landes	1re	F. Marrast	22,307	Dulamon	7,264
Loire	1re	Balay	13,2 4	E. Pelletan	7,218
—	2e	De Charpin	12,489	Pain	5.638
—	4e	Du Marais	17,534	Cherpin	6,065
Loiret	3e	De Grouchy	13,685	Rondeau	4,840
Lot-et-Garonne	1re	Noubel	19,635	Arago	1,807
—	2e	Laffitte	22,306	Duthil	1,243
—	3e	Richemont	22,148	Arago	2,344
Manche	1re	De Kergorlay	21,146	Havin, non accep-tant	2,448
—	3e	Brohyer	18,917	Plaine	5,875
—	4e	Mestin	22,128	De Gasté	1,997
Maine-et-Loire	1re	Duboys	11,538	Bordillon	10,267
Mayenne	3e	Segretain	8,196	De Craon	6,205
Meurthe	1re	Drouot	18,618	Cavaignac	3,731
—	2e	Buquet	23,926	Cavaignac	3,448
—	3e	Viard	28,058	Cavaignac	653
Morbihan	1re	Delahaichois	20,203	Cavaignac	3,857
Moselle	1re	Hennocque	19,030	J. Reynaud	3,303
Nord	1re	Legrand	12,257	Loiset	11.652
—	2e	Descat	14,293	Brame, élu	20,704
—	8e	Godard-Desmarest	21,191	Carnot	3,043
Nièvre	1re	Pétiet	21,563	Bonabeau	6,447
—	2e	Lepelletier-d'Aulnay	24,503	Labédollière	1,032
Oise	2e	De Plancy	19,686	Gérard	2,054
—	3e	Lemaire	20,483	Leroux	5,564
Orne	2e	De Sainte-Croix	18,512	G. Pagès	4,397
—	3e	De Torcy	14,408	Hamard	5,340
Pyrénées (H.-)	1re	Dauzat	24,052	Ferré	5,767
Rhin (Haut-)	3e	Nizole fils	10,506	Migeon, élu	17,025
Rhône	1re	Réveil	12,021	Bacot	10,117
—	2e	Cabiau	10,827	Hénon, élu	12,270
—	3e	Descours	19,170	Morin	3,219
—	4e	De Mortemart	17,251	J. Favre	4,369
Saône-et-Loire	re	De Barbentane	8,478	Lamartine, non ac-ceptant	2,340
—	3e	Brunet-Denon	14 525	Daron	4,793
—	4e	De Chabrillan	18,367	Boutelier	6,562
Sarthe	1re	De Chaumont-Guitry	18,362	Raspail	1,446
Seine	1re	Guyard-Delalain	10,071	Laboulaye	4,676
				Jean Reynaud	1,682
—	2e	Devinck	10,472	Bethmont	9,070
—	3e	G. Thibaut	9,952	Cavaignac, élu (1)	10,950
—	4e	Varin	10,006	E. Ollivier, élu	11,005
—	5e	Monin-Jappy	8,426	Carnot, élu (1)	12,034
—	6e	Perret	10,454	Goudchaux, élu (1)	13,042

(1) MM. Cavaignac, Carnot et Goudchaux refusèrent de prêter serment. MM. J. Favre et Picard furent élus à leur place dans les rangs de l'opposi-tion au mois d'avril 1858.

Départements.	CIRCONS-CRIPTIONS.	GOUVERNEMENT.		OPPOSITION.	
Seine............	7e	Lanquetin.........	11,038	Darimon, élu......	12,078
—	8e	Fouché-Lepelletier.	13,820	Vavin.............	9,033
				J. Simon..........	2,268
—	9e	Kœnigswarter......	11.363	De Lasteyrie,......	8,100
—	10e	Véron	15,416	Pelletan	7,249
Seine-Infér....	1re	Pouyer-Quertier....	8,001	Lemasson	5,081
—	2e	Quesné	21,077	Villiers	5,692
Somme	3e	Conneau	16,372	Dermigny........ .	4,122
				Hamel	2,248
—	4e	Delamarre.........	9,605	De Morgan........	8,699
Tarn..........	1re	Gisclard...........	19,960	Canet.............	4,022
Tarn-et-Gar...	1re	Janvier............	20.868	Delastours........	3,612
Var..........	1re	D'Attainville.......	21,000	Conte.............	3,200
Vaucluse......	1re	Deverclas..........	15,280	Cavaignac........	5,241
—	2e	Millet.............	17,544	Meynard	5.035
Vendée	1re	De Sainte-Hermine.	8,994	De Puyberneau....	3.366
Vienne........	1re	Bourlon...........	14,858	Candidats réunis...	6,082
—	2e	Beauchamp	21,051	Id. ..	1,746
Vienne (Haute-	1re	Nouailhier.........	12,063	Bastide...........	5,832
—	2e	De Saint-Paul......	16.363	De Roffignac......	4,084
Yonne.	1re	D'Ornano.	15,085	Guichard..........	7,370
—	2e	Bertrand..........	11,029	Javal, élu..........	14,089
—	3e	Lecomte..........	20,116	Charton...........	3,746
				Gariel.............	1,578